VINE ME UP

AN ACTIVITY BOOK CELEBRATING THE MELANATED WINE ENTHUSIAST

BY SARITA CHEAVES

This activity book is **refreshing, educational** and **makes learning about wine a downright pleasure**. With each page I feel myself releasing tension as I complete the puzzles and activities. **But the major bonus comes from learning about the black winemaking community while devouring each and every page**. If you're ready to give your Netflix queue a break and test your wine knowledge with **accessible yet informative activities**, this is the book for you. After a year spent cooped up indoors and looking at screens nonstop, I can't overstate how revitalizing it is to challenge myself on a creative level. This activity book **pairs perfectly with a glass of Pinot Gris from Alsace-Lorraine** (shoutout Michel Nartz!) and makes for easy going afternoons

— Brionna Jimerson

VINEMEUP: AN ACTIVITY BOOK CELEBRATING THE MELANATED WINE ENTHUSIAST
Copyright © 2021 by Sarita Cheaves

Visit VineMeUp online at www.vinemeup.com

ISBN: 978-0-578-89536-9

greetings

I'm Sarita.

Welcome to my world. A land of wine, music, and doodling. This book is literally my frontal lobe in puzzle form.

I've always loved crossword puzzles, word finds, and coloring. In the 80s, The Washington Post released small newspapers for kids called the *Mini Page*. They came out every Sunday and it was filled with short articles, puzzles, and connect-the-dots. My grandmother saved them for me and when I came over to visit, I spent hours reading and doodling while sipping a Capri Sun and waiting on my pot pie.

I haven't changed much...well I'm just sipping on something different. My wine journey began in 2008. I went from sipping boxed wine with girlfriends to a WSET certification, a wine blog, and now a wine podcast.

When the world shut down due to the Coronavirus, we all were confined to our homes. I sipped wine, blasted Cleo Soul's "Why Don't Cha" and finished every puzzle book in the house. When I scanned the internet for new puzzles, surprisingly, none involved wine. I shrugged and moved on.

A week later, I had a dream that I released a book when I woke up, I looked to my right, and there was a glass of wine sitting on top of my word find. BLOOP! Hopefully, by the time this book finds you, we have a little more freedom. I can't wait to take this book to the wine bar and doodle while I take in all the positive energy around me.

Cheers,

VineMeUp

tasting

```
C L A R I T Y A T P A M Z F S
K C S I M S A L C O H O L R E
P O W N C H A R A C T E R U K
A N I O X R Q B X A I B X I X
L C R S G L V I S C O S I T Y
A E L E I Z X K N I T V R G D
T N S H P E O X I D I Z E D H
E T N E R H R E D U C T I O N
W R B B D Y T K T E T E B K C
B A G I A I A E T A I F B J O
O T A Y V L M C X Z N U L K R
D I O W U Z A E K T J N M D K
Y O G P M C S N N T U Q I Q E
P N R I P B V X C T C R M N D
R A R O M A H H C E C E E E S
```

Acid

Alcohol

Aroma

Balance

Body

Character

Clarity

Concentration

Corked

Fruit

Nose

Oxidized

Palate

Reduction

Sediment

Swirl

Tannins

Texture

Viscosity

cocktail chat

_____

_____

_____

_____

_____

WINE MOVIES

NAME THE WINE INSPIRED MOVIES.

1. S _ _ _ _ _ _ _

2. _ _ _ _ _ _ E _ _ _ _ _

3. _ _ _ _ _ _ _ _ D

4. _ _ _ _ _ _ _ N _ _ _

celebrations

**Your Business
Grand Opening**

Thanksgiving

21st Birthday

**Premier of Your
Favorite Show**

College Graduation

trivia time

Wines from the Douro region come from which country?

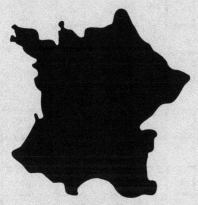

France

Portugal

Argentina

Spain

grapes

Down

1. One of four Grand Crus from Alsace

3. White grape grown in Portugal and Spain

4. Red grape that can produce notes of bell pepper

6. AKA Vouvray

7. White Burgindy

8. The Grey Grape

9. Known to be jammy

11. In the movie Sideways, the main character refuses to drink this wine

12. This white wine is sometimes added to Syrah to enhance aromatics

Across

2. AKA Shiraz

5. Full body red grape known in Argentina

10. Offspring of Cabernet Franc and Sauvignon Blanc

13. This German wine can be dry or sweet and rarely oaked

14. Black Pine Cone

contrasting corks

Find the five differences.

the odd one out

Read the list below carefully and
then circle the one that doesn't belong.

French Oak

Stainless Steel

Concrete Eggs

Flint

Quevri

Hungarian Oak

winemaking

```
Z H M F R Z H F F L C O Q Y F A V Q A O
P F R X X U E Q A O K U T L M A A A E L
B T N A R F H W T R A C K I N G Z X L S
H J P Q S P N F L P V E S O R T K G U E
R V X R E T X F E R M E N T A T I O N P
K T I H E W A H L C N U Z N P V X J I X
L S W N E S Z I X B L E N D F Z E K D C
S G A Y I V S K N G E W U K U F C L P P
L N H Q D C S K Y L I H H W R B N M B J
U C Q M D L U T M U E D D O P F I E O Z
S U C K A P H L G O H S E M J O R L T B
W V F E J N U N T P A C S S E H Z R T E
Z C W I D T I M M U J K F S T G T E L J
S U U W N T B C P N R E X R T E W I I Q
O X C R J I R L A O T E S K I E M W N Q
C R U S H K N T P C V W J C A D E E G L
E J Y U I Z Z G J B I E R E H G N L R T
S J K R L O F X B Y Z D R W U L I G Z J
X V D X B A R R E L S I A Q S J K N D J
R J F J S Y N R U R K Q C H H I E I G J
```

Aging

Barrels

Blend

Bottling

Crush

Destemer

Fermentation

Fining

Manic Acid

Oak

Press

Pump Over

Racking

Sort

Stainless Steel

Viniculture

u betta recognize

Can you name these Black Wine Professionals?
Refer to the clues for a bit of help.

Clues...

B Sparkling Wine & Tinned Fish

L Seventeen Thirty-Four Magazine

A Former FBI

C Creator of Black Wine Lovers

K Wine Enthusiast's 2020 Social Vision Award

A Fine wine retail in Conyers, GA

F Yale-educated, but keeps wine casual

Y Synonym for Black Wine

sang & drank

Who Said It?

1. "And I'm beasting off the Riesling"

2. "I want someone who like the Champagne I like"

3. "She do the sangria wine"

4. "White wine, she ain't no fool"

5. "You gave me white wine and fried chicken"

6. "And now I think of my life as a vintage wine"

7. "This was all inspired by a little Marvin Gaye and Chandonnay"

8. "We drink wine with diamonds in the glass"

9. "She never drinks water and makes you order French Champagne"

10. "So take this wine and drink with me, and let's delay our misery"

cocktail mixer

Unscramble the letters below
to identify the popular cocktails.

IOMMSA _____

GAIRASH _____

RITZPERS _____

RNITMAI _____

TAARRIAMG _____

OOIJMT _____

ITMN LPJEU _____

TTMNAHANA _____

DLO ENFOSDHAI _____

ZSERCAA _____

OSTOMPAILCNO _____

LILENB _____

clean cursive

What is your favorite

beat winery?

insta-hunt

Search Sarita's Instagram page, @VineMeUp, to figure out what Black wine she paired with these collard greens.

eventful moments

Name a wine you recommend to celebrate the following occasions.

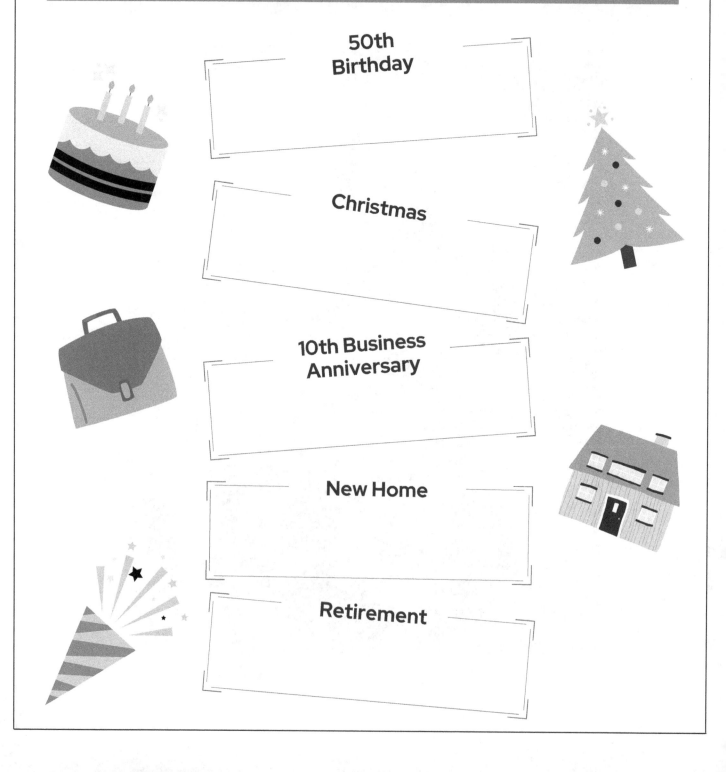

50th
Birthday

Christmas

10th Business
Anniversary

New Home

Retirement

trivia time 2

What is Vin Santo?

a. An Italian white wine

b. A tannic red wine

c. A celebration of Italian wine

d. An Italian wine made from dried grapes

celebrity crush

Match the celebrity with their wine brand.

GoGi Wines	Dwayne Wade
Hampton Water	Sarah Jessica Parker
Terlatto Wines	Ayesha Curry
PBTB	Angelina & Brad
LVE	Dave Matthews
Miraval Rosé	Guy Fieri
Wade Cellars	John Elway
Blenheim Wines	Jon Bon Jovi
Domaine Curry	Mary J. Blige
Hall Wines	Guiliana Rancic
Invivo	John Legend
7 Cellars	Kurt Russell
Sun Goddess	Cameron Diaz
Ferguson Crest	Fergie
Avaline	Tori Spelling
Hunt amp Ride	Titus Burgess

odd one out

Which one of these is different from the others?

insta-hunt

Leslie of Vino301 does not prefer Sauvignon Blanc,
but she posted a wine she surprisingly enjoyed.
What Black winery is it from?

add a lil' color

wine descriptor

Use the clues to guess the wine descriptor.

Ex: Gummy bears are *__chewy.__*

CLUES	YOUR GUESS
Not firm, but.... Lacks acidity	_____
So fresh, so... No faults in a wine	_____
Slang for good A wine that needs decanting	_____
Another word for tipsy How oak is treated	_____
Janet Jackson's rope A wine with a smooth pour	_____

find the differences

drinkware

```
J Y N A M Z E F Q G Q Q U Z T
K N Y R E S U Y S N I F T E R
B V N V S L I N G G O B L E T
C O S M O P O L I T A N A G Z
H I G H B A L L C O O L E R A
A Y J D L Q F F T D P Y I S C
Y O E T U L I P L X I U C H O
I J R H Z L S I W U N V O O P
M A R G A R I T A U T C R O P
G L A S S M U G E R F E D T E
C W S H O T E Z Z M E P I E R
O R M A R T I N I P L A A R M
U Z L U W A C O P K U E L X U
P H U R R I C A N E G V S K G
E N A C O L L I N S G C L S E
```

Flute
Tulip
Stemless
Cooler
Sling
Coupe
Goblet
Snifter
Collins
Highball
Martini
Margarita
Shot
Pint
Cosmopolitan
Copper Mug
Cordial
Hurricane
Shooter
Glass Mug

the Black list

Use the clues to guess the Black winemaker from list below.

The facts:

- I make a rosé.
- I am a woman.
- I use petit sirah in my blend.
- I live in California.
- I have a degree in Spanish.

I am one of these Black winemakers:

- Longevity
- McBride Sisters
- Maison Noir
- Theopolis
- Vision Cellars
- Aslina
- P. Harrell Wines
- La Fete du Rosé
- Stuyvesant
- Love Cork Screw

Which one doesn't belong?

Circle the Black Wineries that <u>do not</u> use California grapes.

Abbey Creek	Longevity
Wachira Wines	Aslina
Le Fete de Rosé	Maison Noir
Charles Wine	Bodkin
McBride Sisters	Stuyvesant
Jenny Dawn Cellars	Zafa Wine

wine sales

```
X N C H V Y T V B S A T R U K Y I A P Z D H X E N V M M P Z
Z P D A Z U P M U D Y Z O E D S B P I P R I H K R X N J N B
G D U F C R U O M L B O O N E S E L E C T I O N S G G Y J R
Q R Y C H H D T Z B O F F T H E R O X R M D U R N A M H N Q
O U E N I I S P F E R K B R J W V Y H X S O S C K I Y V O P
M O N D I R P W K A Q X J H M G O X X J B C E T T I J Q T C
Q A M G N A G H W Q I A R I M G M A N Q I O O I O Y O A J X
C Y S K R H I H O B P I O V V U S Y D T G O F Y Y A P C U M
N Z O I W A U Z I P E M D D J T Q V B H Z O P H H V A G A A
N F T G W N F Z Q W J L F C T H N B E B B Z U O S O X M O S
T B O A A U U T B C G U U J A K E R Q G A C R M Y M V Q Q Z
O C L D G S A P E C C G I O Q N A R I Z S P E N E O B G O J
J K G B E S C C N D A O V C B B T D I C H Q V A S R V P D U
A T Y Q Z D S H B Z A Y R Z E D F E J T H O I N J B J I Q V
P X C O R K G T N E I F S K B B Z U R O A W N Y Q R X M D G
I V X W W I L L Z E A M C G S B O K R O S G I J O J J Y W A A
D N Z Q D P O U Y K I L M H V A R X H B B J E N D G A O U L
T G U T R L A J H R H D F L A B N U S F A H A L E Y N G K F
W J D O M E S T I Q U E E D M T X D L T R N G W I B E Y J L
D B W C Z Z Z Y Z U M L T R U M S C C U G P G A W N A G P Q
U N F V G R A N D C A T A T S H K D R U S K V R I Z K O J F
R N E J J C O C O N O I R A P O U R V U V Z C D A H U O Y H
L B J R F A P I D W Q W X Q A G O D T Q E E A M K P H C Z Y
Q L R E X I I J U X N M O Y I I J S R P C Y G T E A Z W E R H R
I B K D D C K G T N Y Y B E D V Y N E S V F E N Q Q T E C K
A I O H P U R E C O R K S C R E W V Q B B I G P U V Z D A V
T L J F G O O D W I N E M G K S W D X G U C Z O P D I W F K
B I E Q A W O Q T V P S K M P L W A R W V Q P L U W S O Q T
E E H S X U G I Z U C J S Z A S X K M X J G F P X V X L V G
N U A M Z Z Y W W W O B Z L V M O F H A P P Y C O R K F S G
```

Bed Vyne
Boone Selections
Cavanagh Family
Chats
Cork
Corks and Cuvee
Davidson
DCanter
Domestique
Good Wine
Grand Cata
Heritage Link Brands
Hip Hop Juice Box
House of Pure Vin
Jenny Dawn
Off The Rox
Pure Corkscrew
Red Wolf
Rich Wine
Schneiders
Ungrafted
Urban Grape
Wardman
Wine Noire

pairs well with grapes

Name a grape or wine from each French
wine region to pair with the foods pictured below.

 **Rhone Valley**

_____   _____

 **Languedoc-Roussillon**

_____   _____

 **Provence**

e.g. Cinsault

_____   _____

 **Alsace**

_____   _____

tv personality

If you were a TV personality, what wine would you have in your dressing room?

_____

_____

_____

_____

_____

_____

Black Wine Writers: Who Wrote It?

Match the titles with the writers on the next page.

1. Searching for Cloves and Lilies
2. Being Black in the White World of Wine
3. An Easy Way to Find and Experience Wines Made by Women & BIPOC Winemakers & Owners: My Review of The Wine Concierge
4. Started at Moscato, Now We're Here
5. Skin-Contact White Wines, a.k.a. Orange Wine for Beginners
6. Ottavino Wines: Rockstar Winemaker Shalini Sekhar
7. Diversity in the World of Wine
8. How Not to Get Lipstick on Your Wine Glass
9. Fruit In A Glass
10. What Being an Ally Really Means
11. Life After Being a Sommelier
12. Bring the Acid- Guide to the Perfect Thanksgiving Wines
13. What It's Like to Be a Black Man Working in the Wine Industry
14. Black Women Entrepreneurs are Building their Own Spaces in Wine
15. The Ultimate Champagne Lovers Holiday Gift Guide
16. Sommersalt
17. Shake Shack and Cosecha
18. How to Pair Steak with Rosé
19. Let's Hear It For the Hybrid
20. The Magic of Morrocan Wine

A. Julia Coney

B. Chasity Cooper

C. Reggie Solomon

D. Dorothy Gaiter

E. Shakera Jones

F. Alisha Sommer

G. Desiree Harrison-Brown

H. Kat Rene

I. Pam Riley

J. Tahiirah Habibi

K. Sharneen Smiley

L. Regine Rousseau

M. Davon D E Hatchett-Robinson

N. Jacy Topps

O. Tammie Teclemariam

P. Stephen Satterfield

Q. Janelle Rucker

R. Dinkinish O'Conner

S. Vince Moten

T. Jason Gunter

U. Nia Gordon

hidden messages

Can you identify the missing
letters to complete the phrases?

insta-hunt

Search @GirlMeetsGlass Instagram page
to find out what type of sparkling wine Tanisha sipped
after a French heatwave and sudden downpours?

wine descriptor

Use the clues to guess the wine descriptor.

Ex: A Wu-Tang title   _**cream.**_

CLUES	YOUR GUESS
A Bob Marley song Most Zinfandels	_____
A Tom Hanks movie Super Tuscans are...	_____
A Tribe Called Quest song Some California Chardonnays	_____
Erykah Badu is... Some Rhone reds	_____
Overcooked chicken is... Wines with high tannins	_____

winey podcasts

Match each host with their wine podcast.

Sarita Cheaves	Color of Wine
Tanisha Townsend	Wine For Normal People
Randall Coats	Wine Blast
Jermaine Stone	Wine Blast
Lawrence Francis	Bad and Boozy
DeeAsia Ali	I'll Drink to That
Levi Dalton	The Wine Road
Marcy Gordon	The Wine Road
Beth Costa	Swirl Suite
Glynis Hill	Bad and Boozy
SoSo Lovely	Swirl Suite
Keith Beavers	Wine School Dropout
Leslie Frelow	Wine 4 Da Ppl
Sukari Bowman	Wine and Hip Hop
Elizabeth Schneider	Interpreting Wine
Susie Barrie	Wine 101
Peter Richards	Swirl Suite

trivia time 3

What is the most widely planted grape in New Zealand?

a. Chardonnay

b. Sauvignon Blanc

c. Shiraz

d. Malbec

NEW ZEALAND

sparkling wine

Cava
Cap Classique
Champagne
Crémant
Lambrusco
Prosecco
Sekt
Charmat

Methode Champenoise
Pinot Noir
Chardonnay
Blanc de Blanc
Blanc de Noir
Brut
Riddling

Sip a glass of wine
and color this page with the
non-dominant hand.

NAME A WINERY

How fine is your wine game?
See how many answers you can come up
with a winery that has things in the list below.

A BLACK WINEMAKER

_____

AN ANIMAL ON THE LABEL

_____

BLACK IN THE NAME

_____

A NUMBER IN THE NAME

_____

A BLACK WOMAN WINEMAKER

_____

AN ACTION VERB IN THE NAME

_____

bubbles & countries

Match the sparkling wine type
with its originating country.

Champagne	**Spain**
Prosecco	**France**
Franciacorta	**Germany**
Sekt	**France**
Crémant	**Italy**
Cava	**Italy**
Cap Classique	**South Africa**

prost *cheers*
gesondheid
saluti

Impilo enhle
bajabule
salud nqa

make it sparkle

Let's see how well you know the process to create sparkling wine. Number each function of the Traditional Method in order.

_____ Riddling

_____ Dosage

_____ 2nd Fermentation

_____ Cuvee

_____ Disgorging

_____ Aging

_____ Triage

foggy memory

Lisa, a Virginia tasting room manager, is scheduled to open and prepare for the day. The owner left a note asking her to open the following wines for tasting.

Memorize the list and turn the page – no cheating!

Viognier
Cabernet Franc
Chardonnay
Pinot Noir
Petit Manseng
Norton

foggy memory

Which wines was Lisa asked to
open for the tasting? Circle the answers!

Riesling
Petit Manseng
Tempranillo
Petit Sirah
Sangiovese
Norton
Chardonnel

Chardonnay
Syrah
Malbec
Pinot Noir
Vermentino
Pinotage
Albariño

Viognier
Pinot Blanc
Chenin Blanc
Tannat
Sémillion
Petit Verdot
Cabernet Franc

oenophiliac

Olivia Pope, *Scandal*

Tyrion Lannister, *Game of Thrones*

Alicia Florrick, *The Good Wife*

Grace Hansen, *Grace & Frankie*

wine writing

Write the following sentences with your Non-Dominant hand.

1. Margaret River is a wine region in Australia.

_____

_____

2. A fiasco is a bottle or flask in a straw basket.

_____

3. Vouray is a white wine made with Chenin Blanc grapes.

_____

4. During Prohibition, drug stores sold alcohol for medicinal purposes.

_____

more sang & drank

Who Said It?

1. "Now we drink Champagne when we thirsty"

2. "You can't even drink Crist-owl on this one. You gotta drink Crist-all. Buy some red wine, a little Gaja 9-7"

3. "I am on a twenty-four hour Champagne diet"

4. "A bad influence, got the world drinkin' gold bottles"

5. "Only think I knew was her name (what is it) Champagne"

6. "Piss out Bordeaux and Burgundies, flush out a Riesling"

7. "Brush my teeth with Champagne"

8. "I'm just getting better with time, I'm like Opus One"

9. "World Series Attitude, Champagne bottle life"

10. "Black on Black, I Dussé and Champagne"

trivia time 4

Wines with a high or unbalanced alcohol level are often described as:

DRY

HOT

LIGHT

HEAVY

soil

```
I A H G U Y R N A I O S D P N
Q F G V R S C H I S T L S N K
K I L R I H V R O S D A E T L
G M V K A T A F L I N T D O I
P U E O Y N I K Q C Q E I O M
S S N T L Y I C H W A I M P E
L A F P A C A T U Y L X E S S
N N N I G M A L E L J F N A T
N C W D G P O N U X T P T N O
A C L A S N G R I M K U A D N
B V T A S T E R P C I S R F E
F Z M H Y I O O M H S N Y E B
U D H D W Z U N U T I I I U B K
X X T H X X S X E S D C Y M G
I K H C L D H G N E I S S L X
```

Igneous
Granite
Volcanic
Metamorphic
Slate
Schist
Gneiss
Sedimentary
Flint
Limestone
Sandstone
Clay
Aluminum
Sand
Viticulture

AN ACTIVITY BOOK CELEBRATING THE MELANATED WINE ENTHUSIAST

ANSWER KEY

tasting

```
C L A R I T Y A T P A M Z F S
K C S I M S A L C O H O L R E
P O W N C H A R A C T E R U K
A N I O X R Q B X A I B X I X
L E R S G L V I S C O S I T Y
A E L E I Z X K N I T V R G D
T S H P E O X I D I Z E D H
E N E R H R E D U C T I O N
W R B B D Y T K T E T E B K C
B A G I A I A E T A I F B J O
O T A Y V L M C X Z N U L K R
D I O W U Z A E K T J N M D K
Y O G P M C S N N T U Q I Q E
P N R I P B V X C T C R M N D
R A R O M A H H C E C E E E S
```

---

wine movies

1. Sideways
2. Bottle Shock
3. Uncorked
4. Wine Country

grapes

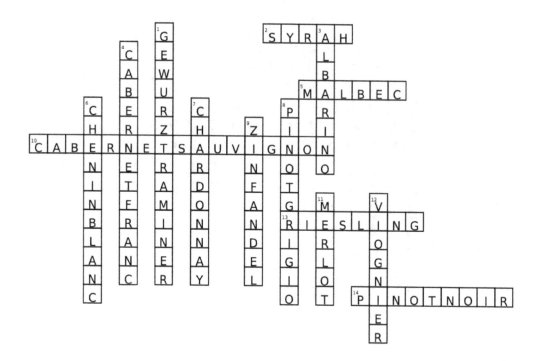

contrasting corks

winemaking

```
X Q N L W G P X T B T Z X P I I B A O N
C T L S O R T L S F I N I N G B L E N D
Z S A W M A N I C A C I D M X I V E I Y
H R R R F G I F P H U C B A R R E L S H
A Y W D M X D P M R P L W Q S R J S K U
J M W U G V E U O J X B H R P E K P O P
L T H I Q N S R P A P F H N L X I Z S U
G N O U A W T E L H N W V X A A I Z T M
Q O V Z Y X E N B C Y G J P R E S S A P
Z R F K L J M H E W G P Y A C G A W I O
O A M W F H E M Z C P Q Y W Q D I W N V
D C H K Q H R D K P C S B F Y D E B L E
R K N B G Q N G D Z W W A A B I J O T R
A I H Y R K C G G T K T E O S N H T S G
G N F A F E R M E N T A T I O N O A L X
I G V I N I C U L T U R E J W Q A K I W
N E M X X Q M L A A H V K A J B K I T X
G W U T U A B I H A E M S R V Q F N E I
K Y D K K Y C L F W J B B V W L H G E N C
C R U S H T D E B I Y F U Y I X R G L C
```

u betta recognize

B Sparkling Wine and Tinned Fish
Maia Parish @TheWineMistress

L Seventeen Thirty-Four Magazine
@Miss_Magnolia_Wine

A Former FBI
Thaddeus Buggs - @MinorityWineReport

C Creator of Black Wine Lovers
Tivon Johnson - @Von_Vino

K Wine Enthusiast's 2020 Social Vision Award
Julia Coney - @Julia Coney

A Fine wine retail in Conyers, GA
Regina Jackson - @CorksandCuvee

F Yale educated but keeps wine casual
Reggie Solomon - @WineCasual

 Synonym for black wine
Glynis Hill - Vino_Noire

sang & drank

1. Kanye West – Run This Town

2. Nas – Cherry Wine

3. Pharrell Williams – Sangria Wine

4. The Vernons – White Wine

5. Hot Chip – White Wine and Fried Chicken

6. Frank Sinatra – It Was a Very Good Year

7. Big Sean – Marvin and Chardonnay

8. Lil Kim – Lady Marmalade

9. Ricky Martin – Living la vida loca

10. Eagle Eye Cherry – Save Tonight

cocktail mixer

IOMMSA	MIMOSA
GAIRASH	SANGRIA
RITZPERS	SPRITZER
RNITMAI	MARTINI
TAARRIAMG	MARGARITA
OOIJMT	MOJITO
ITMN LPJEU	MINT JULEP
TTMNAHANA	MANHATTAN
DLO ENFOSDHAI	OLD FASHIONED
ZSERCAA	SAZERAC
OSTOMPAILCNO	COSMOPOLITAN
LILILENB	BELLINI

insta-hunt

Bottoms Up Riesing Maison Noir

---

the odd one out

The correct answer
is **FLINT**.

trivia time

The correct answer
is **PORTUGAL**.

---

trivia time 2

The correct answer is
an Italian wine made from dried grapes.

celebrity crush

GoGi Wines > Kurt Russell

Hampton Water > Jon Bon Jovi

Terlatto Wines > Guilianna Rancic

PBTB > Titus Burgess

LVE > John Legend

Miraval Rosé > Angelina & Brad

Wade Cellars > Dwayne Wade

Blenheim Wines > Dave Matthews

Domaine Curry > Ayesha Curry

Hall Wines > Tori Spelling

Invivo > Sarah Jessica Parker

7 Cellars > John Elway

Sun Goddess > Mary J. Blige

Ferguson Crest > Fergie

Avaline > Cameron Diaz

Hunt amp Ride > Guy Fieri

odd one out

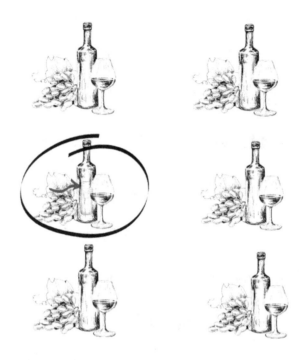

---

insta-hunt 2

McBride Sisters

wine descriptor

CLUES	ANSWER
Not firm, but.... Lacks acidity	flabby
So fresh, so... No faults in a wine	clean
Slang for good A wine that needs decanting	tight
Another word for tipsy How oak is treated	toasted
Janet Jackson's rope A wine with a smooth pour	velvet(y)

drinkware

```
J Y N A M Z E F O G Q Q U Z T
K N Y R E S U Y S N I F T E R
B V N V S L I N G G O B L E T
C O S M O P O L I T A N A G Z
H I G H B A L L C O O L E R A
A Y J D L Q F F T D P Y I S C
Y O E T U L I P L X I U C H O
I J R H Z L S I W U N V O O P
M A R G A R I T A U T C R O P
G L A S S M U G E R F E D T E
C W S H O T E Z Z M E P I E R
O R M A R T I N I P L A A R M
U Z L U W A C O P K U E L X U
P H U R R I C A N E G V S K G
E N A C O L L I N S G C L S E
```

find the differences

the Black list

The correct answer is
PAULA HARRELL of P. HARRELL WINES.

---

wine sales

```
X N C H V Y T V B S A T R U K Y I A P Z D H X E N V M M P Z
Z P D A Z U P M U D Y Z O E D S B P I P R I H K R X N J N B
G D U F C R U O M L B O O N E S E L E C T I O N G G Y J R
Q R Y C H H D T Z B O F F T H E R O X R M D U R N A M H N Q
O U E N I S P F E R K B R J W V Y H X S O S C K I Y V O P
M O N D I R P W K A Q X J H M G O X X J B C E T T I J Q T C
Q A M G N A G H W Q I A R I M G M A N Q I O O I O Y O A J X
C Y S K R H I H O B P I O V V U S Y D T G O F Y Y A P C U M
N Z O I W A U Z I P E M D D J T Q V B H Z O P H H V A G A A
N F T G W N F Z Q W J L F C T H N E B B B Z U O S O X M O S
T B O A A U U T B C G U U J A K E R O G A C R M Y M V Q Q Z
O C L D G S A P E C C G I O Q N A R I Z S P E N E O B G O J
J K G B E S C C N D A C V C B B T D I C H Q V A S R V P D U
A T Y O Z D S H B Z A Y R Z E D F E J T H O I N J B J I Q V
P X C O R K G T N E I F S K B B Z U R O A W N Y Q R X M D G
I V X W W I L L Z E A M C G S B O K R O S G I J O J Y W A A
D N Z Q D P O U Y K I L M H V A R X H B B J E N D G A O U L
T G U T R L A I H R H D F L A B N U S F A H A I E Y N G K F
W J D O M E S T I Q U E D M T X D L T R N G W I B E Y J L
D B W C Z Z Z Y Z U M L T R U M S C C U G P G A W N A G P Q
U N F V G R A N D C A T A T S H K D R U S K V R I Z K O J F
R N E J J C O C O N O I R A P O U R V Z C D A H U O Y H
L B J R F A P I D W Q W X Q A G O D T Q E F A M K P H C Z Y
Q L R E X I J U X N M O Y I I S R P C Y G T E A Z W E R H R
I B K D D C K G T N Y Y B E D V Y N F S V F E N Q Q T E C K
A I O H P U R E C O R K S C R E W V Q B B I G P U V Z D A V
T L J F G O O D W I N E M G K S W D X G U C Z O P D I W F C
B I E Q A W O Q T V P S K M P L W A R W V Q P L U W S O Q T
E E H S X U G I Z U C J S Z A S X K M X J G F P X V X L V G
N U A M Z Z Y W W W O B Z L V M O F H A P P Y C O R K F S G
```

which one doesn't belong?

The answers are **Abbey Creek,
La Fete du Rosé, Aslina, Maison Noir,
Stuyvesant, and Zafa Wines.**

---

black wine writers

1. **L**
2. **D**
3. **C**
4. **J**
5. **O**
6. **K**
7. **A**
8. **G**
9. **T**
10. **E**
11. **P**
12. **H**
13. **S**
14. **B**
15. **M**
16. **F**
17. **Q**
18. **N**
19. **I**
20. **U**

hidden messages

WINE DOWN

POETRY IN A BOTTLE

TASTING THE STARS

---

insta-hunt 3

Blanquette de Limoux

wine descriptor 2

CLUES	ANSWER
A Bob Marley song Most Zifandels	jammy
A Tom Hanks movie Super Tuscans are...	big
A Tribe Called Quest song Some California Chardonnays	buttery
Erykah Badu is... Some Rhone reds	earthy
Overcooked chicken is... Wines with high tannins	chewy

winey podcasts

Sarita Cheaves, *Swirl Suite*

Tanisha Townsend, *Wine School Dropout*

Randall Coats, *Wine 4 Da Ppl*

Jermaine Stone, *Wine and Hip Hop*

Lawrence Francis, *Interpreting Wine*

DeeAsia Ali, *Bad and Boozy*

Levi Dalton, *I'll Drink to That*

Marcy Gordon, *The Wine Road*

Beth Costa, *The Wine Road*

Glynis Hill, *Swirl Suite*

SoSo Lovely, *Bad and Boozy*

Keith Beavers, *Wine 101*

Leslie Frelow, *Swirl Suite*

Sukari Bowman, *Color of Wine*

Elizabeth Schneider, *Wine For Normal People*

Susie Barrie, *Wine Blast*

Peter Richards, *Wine Blast*

trivia time 3

The correct answer
is **Chardonnay**.

---

trivia time 4

The correct answer
is **Hot**.

sparkling wine

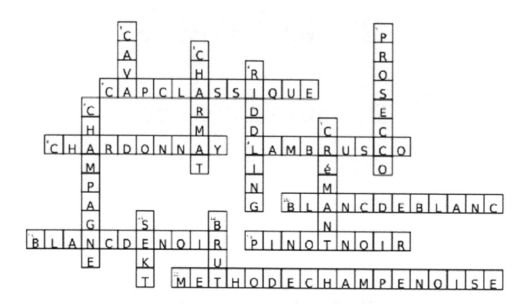

bubbles & countries

Champagne > France

Prosecco > Italy

Franciacorta > Italy

Sekt > Germany

Crémant > France

Cava > Spain

Cap Classique > South Africa

sparkling wine process

_5_ **Riddling**

_7_ **Dosage**

_3_ **2nd Fermentation**

_1_ **Cuvee**

_6_ **Disgorging**

_4_ **Aging**

_2_ **Triage**

more sang & drank

1. Notorius BIG – Juicy

2. Jay Z – Excuse Me

3. Drake – Money to Blow

4. Jay Z – Go Crazy

5. Quavo – Champagne Rosé

6. Jay Z – Tom Ford

7. E-40 – Champagne

8. Jay Z – Show Me What You Got

9. Drake – Miss Me

10. Beyonce – Before I Let Go

soil

```
I  A  H  G  U  Y  R  N  A  I  O  S  D  P  N
Q  F  G  V  R  S  C  H  I  S  T  L  S  N  K
K  I  L  R  I  H  V  R  O  S  D  A  E  T  L
G  M  V  K  A  T  A  F  L  I  N  T  D  O  I
P  U  E  O  Y  N  I  K  Q  C  Q  F  I  O  M
S  S  N  T  L  Y  I  C  H  W  A  I  M  P  E
L  A  F  P  A  C  A  T  U  Y  L  X  E  S  S
N  N  N  I  G  M  A  L  E  L  J  F  N  A  T
N  C  W  D  G  P  O  N  U  X  T  P  T  N  O
A  C  L  A  S  N  G  R  I  M  K  U  A  D  N
B  V  T  A  S  T  E  R  P  C  I  S  R  F  E
F  Z  M  H  Y  I  O  O  M  H  S  N  Y  E  B
U  D  H  D  W  Z  U  N  U  T  I  I  U  B  K
X  X  T  H  X  X  S  X  E  S  D  C  Y  M  G
I  K  H  C  L  D  H  G  N  E  I  S  S  L  X
```

Cheers!

@vinemeup

www.vinemeupdc.com

AN ACTIVITY BOOK CELEBRATING THE MELANATED WINE ENTHUSIAST

Who would you like to share a bottle with?

Sometimes you just want to enjoy a good bottle of something with
the right person. Tag a friend with whom you want to share a bottle, snap a
photo, and share on Instagram!

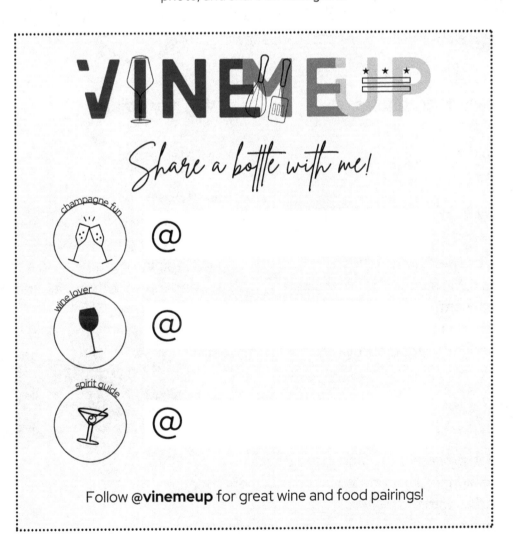

Share a bottle with me!

champagne fun @

wine lover @

spirit guide @

Follow @**vinemeup** for great wine and food pairings!

before you go...

In addition to my love for wine, I also enjoy cooking. Enjoy this recipe for Salmon Cakes and look out for my cookbook - release date is TBD!

TIP: Pair the salmon cakes with a LVE Riesling!

Salmon Cakes Ingredients

- 1 can of salmon
- 1 rice cake
- 1 egg
- 1 tablespoon of Greek yogurt
- 1/2 onion
- 1/2 green pepper
- Season salt (My favorite is Hold It Down by Sabrina Ransom)
- Cayenne Pepper
- 2 tablespoons of vegetable oil
- Cast Iron or Non-stick pan

Aioli Ingredients

- 2 tablespoons of mayonnaise
- 1 sprinkle of Old Bay
- 2 dashes of hot sauce
- 1 squeeze of fresh lemon
- 1 dash of garlic powder
- Combine ingredients in a small bowl and mix together until smooth.

Instructions

- Use a food processor to blend the rice cake.
- Combine all ingredients in a bowl and fold them together.
- Make patties with the mixture
- Add vegetable oil to your pan and add your patties to the hot pan. Sear on both sides. This should create a beautiful crust.

Cheers!

CPSIA information can be obtained
at www.ICGtesting.com
Printed in the USA
BVHW082314300621
610922BV00006B/10

9 780578 895369